„Wir wollen dich
dabei unterstützen,
deine wahren Ziele
herauszufinden."

199
Fragen
für Networker

So wirst du dir bewusst,
was du wirklich willst.

www.rekrutier.de
Rekru-Tier

Inhalt

Geh auf die Reise zu deinen Zielen!

Während meiner langen Zeit im Vertrieb ist es mir immer wieder aufgefallen, dass gar nicht sehr viele Dinge sind, auf die es wirklich ankommt.

Das Wichtigste ist die Kraft, sich täglich auf den Weg zu machen, für seine Ziele zu kämpfen. Jedoch fällt einem das nicht immer leicht.

Woran liegt das?

Sind vielleicht die Ziele nicht genau genug fixiert?

Die wenigsten Menschen nehmen sich die Zeit, mal richtig über Ihre Ziele nachzudenken. Es ist nämlich nicht damit getan, sich mal eben 15 Minuten hinzusetzen und ein paar Zielvorstellungen niederzupinseln, die einem gerade einfallen. Dazu ist das Thema zu wichtig.

Du solltest dir daher wirklich einmal mindestens einen Tag, noch besser mehrere Tage Auszeit nehmen und dir ganz grundsätzlich Gedanken darüber machen, was du eigentlich wirklich willst und was du dir vom Leben erwartest. Oft ist es nämlich

einfach so, dass uns bei oberflächlichem Nachden-
ken zwar scheinbar überzeugende Ziele einfallen,
die aber tief im Herzen noch nicht die richtigen sind.
Sobald du dir aber in dieser Beziehung zu hundert
Prozent sicher sind, wird es dich keine Überwindung
mehr kosten, richtig loszulegen und auch dafür zu
kämpfen.

Mein neues Werk soll dir bei dieser wichtigen Aufgabe helfen: dich dabei unterstützen, deine wahren
Ziele herauszufinden. Dabei geht es sowohl um die
großen Lebensziele als auch um die kleinen beruflichen oder privaten „Etappenziele".
Ich habe dir alle Fragen aufgeschrieben, die du für
dich beantworten solltest.

Lass dir für jede einzelne Frage Zeit. Und vor allem:
Sei ehrlich zu dir selbst! Ergründe dein tiefstes Inne-
res und begib dich auf eine Reise zu dir selbst und
zu deinen Zielen.

Du wirst erstaunt sein, welchen Status du am Ende
des Buches erreicht hast!

Deine Persönlichkeit

1
Was gefällt dir an dir selbst
am meisten?

2
Was stört dich an dir selbst
am meisten?

3
Was unternimmst du, um das, was
dich an dir selbst stört, zu ändern?

4

Was, glaubst du, schätzen deine
Freunde und Bekannten
besonders an dir?

5

Was schätzen wohl deine Geschäftspartner besonders an dir?

6

Für welche Eigenschaften wirst du von
deinen Mitmenschen öfters kritisiert?
Wenn du ganz ehrlich zu dir selbst
bist: Sind sie mit dieser Kritik im Recht?

7

Würdest du dir wünschen, dass deine Mitmenschen bestimmte deiner Eigenschaften deutlicher wahrnehmen und stärker würdigen?
Wenn ja: Woran könnte es liegen, dass sie das bisher nicht ausreichend tun?

8

Welche Eigenschaften, die dir bei Freunden oder Bekannten aufgefallen sind, möchtest du selbst auch besitzen?

9

Welche Eigenschaften, die dir bei Kollegen oder Teampartnern aufgefallen sind, möchtest du selbst auch besitzen?

10
Bist du der Überzeugung, dass du allein über Erfolg und Misserfolg in deinem Leben entscheidest?

11
Was bedeutet Dankbarkeit für dich?

12
Wann warst du zum letzten Mal einem anderen Menschen oder einer höheren Macht so richtig dankbar und wofür?

13

Was hast du deinen Eltern zu
verdanken?

14

Haben deine Eltern bei dir alles
richtig gemacht?

15

Gibst du deinen Eltern die Schuld für
manche Dinge?

16

Gibst du manchmal deinen Kollegen,
Teampartnern oder deiner Firma die
Schuld für deine Misserfolge?

17
Suchst du oft nach Ausreden?

18
Belügst du dich öfter selbst?

19
Wartest du öfters darauf, dass sich bestimmte Probleme von allein lösen?

20

Wo hast du dein erstes eigenes Geld
verdient? Was hat es dir bedeutet?

21

Wie oft prüfst du deine Bankauszüge?

22

Wenn du heute 1000 Euro
geschenkt bekämst: Würdest du
das Geld ausgeben oder es gewinn-
bringend anlegen?

23

Was denkst du über Menschen,
die reich sind?

24

Denkst du, dass plötzlicher Reichtum
deine Persönlichkeit verändern würde?
Wenn ja, in welche Richtung?

25

Nehmen wir an, es ist dir gelungen,
mehrere sehr erfolgreiche neue Partner
zu sponsern.
Was ist dir dabei am wichtigsten:
Das Geld, das sie dir einbringen?
Dein gutes Team?
Die Anerkennung durch Upline
und Kollegen?

26

Wie wichtig ist dir, was andere
von dir denken?

27

Wann hast du zum letzten Mal
darüber nachgedacht, wie du auf
andere wirkst?

28

Glaubst du, dass du an deinem
Auftreten noch etwas
verbessern müsstest?

29

Bemühst du dich ernsthaft darum,
hier etwas zu verbessern?

30

Glaubst du, du hättest bessere
Chancen im Leben,
wenn du dem anderen Geschlecht
angehören würdest?
Wenn ja: Was haben eigentlich Frauen
den Männern voraus –
oder umgekehrt?

31

In welchen Momenten hast du das
Gefühl, ganz du selbst zu sein?

32

Engagierst du dich ehrenamtlich für
einen sozialen Zweck oder hast du das
schon einmal getan?
Wenn nein: Könntest du dir vorstellen,
es zu tun?

33

Was hältst du von Menschen, die sich ehrenamtlich engagieren?

34

Was ist die wichtigste Erkenntnis, die du bisher in deinem Leben gewinnen durftest?

35

Was würde sich in deinem Leben ändern, wenn du ab morgen krank würdest?

36

Was würde sich ändern, wenn du ab morgen von einer schweren Krankheit geheilt würdest?

37
Was würdest du in deinem Leben
ändern, wenn du erfahren würdest,
dass du nur noch drei Jahre zu
leben hast?

38
Was wünscht du dir, dass man an
deinem Grab über dich sagt?

Rekru-Tier
www.rekrutier.de

Wünsche und Träume

39
Was war dein größter Traum als Kind?

40
Hast du dir diesen Kindheitstraum
erfüllen können?
Kämpfst du noch weiter für
diesen Traum?
Oder hast du ihn aufgegeben?

41
Was war dein Traumberuf als Jugendlicher?

42
Hat deine heutige Tätigkeit etwas mit diesem einstigen Traumberuf zu tun? Wenn nein: Hast du heute noch manchmal den Wunsch, dir deinen einstigen Traum zu erfüllen?

43
Wo stehst du heute? Bist du schon dort, wo du hinwillst? Wenn nein: Was denkst du, woran es liegt? Hast du es in der Hand, das selbst zu ändern?

44
Was willst du in deinem Leben
noch erreichen?

45
Wenn du drei Wünsche frei hättest,
welche wären dir die allerwichtigsten?

46
Welche von deinen wichtigsten
Wünschen könntest du in drei Jahren
selbst erreichen?
Was ist dafür notwendig?

47

Was ist dein momentan
wichtigstes Ziel?
Was musst du dafür tun,
um es zu erreichen?

48

Was musst du täglich dafür tun?

49

Tust du das schon?
Wenn nein, warum noch nicht, was
hält dich davon ab?

50

Was musst du an deinem Verhalten
ändern, damit du dein Ziel erreichst?

51

Welche größere private Anschaffung
möchtest du in nächster Zeit tätigen?
Hast du schon eine Vorstellung
von der Finanzierung?

52

Hast du den Wunsch, endlich in den
eigenen vier Wänden zu leben?
Gibt es schon einen Plan, wie dieser
Wunsch zu verwirklichen wäre?

53

Was war das Aufregendste, was du je
in deinem Leben getan hast?

54
Was möchtest du noch tun?

55
Hat dein Erfolg im Network Einfluss darauf, das zu tun?

56
Von welchem völlig verrückten Vorhaben oder welcher völlig verrückten Anschaffung hast du immer schon geträumt?

57
Glaubst du, dass es Sinn hat, sich auch für solche „völlig verrückten" Ziele anzustrengen?

58

Wünscht du dir manchmal, dass du
mehr Zeit für dich selbst hättest?
Gibt es einen Weg, diesen Wunsch
Wirklichkeit werden zu lassen?

59

Mit wem aus deinem Kollegenkreis
möchtest du tauschen und warum?

60

Hast du manchmal den Wunsch,
alles hinzuschmeißen und etwas
anderes anzufangen?
Wenn ja: Was würdest du anfangen?

61

Wie würde dein Traumleben verlaufen,
wenn du noch einmal von null
anfangen könntest?
Auf den zweiten Blick gesehen: Denkst
du, du wärst dann glücklicher?

62

Wie oft denkst du bei der
Alltagsarbeit an deine privaten oder
beruflichen Ziele?

63

Wie oft stellst du dir vor, wie es sein
wird, wenn du deine Ziele bereits
erreicht hast?

64

Hast du schon erlebt, wie stark der Motivationsschub sein kann, wenn du solche Vorstellungen ganz intensiv und konkret werden lässt?

65

Wirst du ab morgen etwas ändern? Wenn ja, was?

66

Wenn du morgen sterben würdest: Hast du alles erledigt, was du erledigen wolltest? Hast du alles erlebt, was du erleben wolltest?

Freunde, Beziehung und Familie

67

Wer ist der wichtigste Mensch
in deinem Leben?

68

Wem würdest du das Leben retten,
wenn du dabei dein eigenes
riskieren müsstest?

69
Würdest du von jemanden erwarten,
sein Leben zu riskieren, um deines
zu retten?
Wenn ja, von wem?

70
Was wäre dir wichtiger in deinem
Leben? Gesundheit oder die Frau / den
Mann fürs Leben zu finden?

71
Was wäre dir wichtiger in deinem
Leben? Millionär zu werden oder die
Frau / den Mann fürs Leben zu finden?

72
Hat deine Beziehung Einfluss auf deine Karriere?

73
Schadet deine Beziehung deiner Karriere oder fördert sie sie?

74
Angenommen, dein Lebenspartner ist der Meinung, dass du zu viel Zeit in dein Geschäft steckst.
Machst du weiter wie bisher, oder bist du geneigt, dem Partner zuliebe zurückzustecken und damit auch auf mögliche Chancen zu verzichten?

75

Käme es für dich infrage, wegen des
Geschäfts deine Beziehung
zu gefährden?

76

Wie wichtig ist es für dich, Kinder
zu haben?

77

Hat für dich die Familie Vorrang oder
die berufliche Tätigkeit?
Oder glaubst du, dass es für dich hier
auf absehbare Zeit keinen Konflikt
geben kann?

78

Wie würdest du reagieren, wenn dein(e) beste(r) Freund(in) dein Geschäft ablehnt?

79

Gibt es Freunde, Verwandte oder gute Bekannte, die du noch nicht oder nur oberflächlich über dein Geschäft informiert hast?

80

Hast du Probleme damit, Freunde, Verwandte und gute Bekannte auf dein Geschäft anzusprechen?
Wenn ja, warum?

81

Haben unter deiner Tätigkeit im Network alte Freundschaften gelitten, oder haben sie davon vielleicht sogar eher profitiert?

82

Wie viele neue Freunde / Freundinnen hast du durch dein Network gewonnen?

Geschäft, Networkfirma und Produkte

83

Was war der eigentliche Grund, warum du dieses Geschäft begonnen hast?

84

Hast du schon alles dafür getan, diesem Grund gerecht zu werden, weswegen du dieses Geschäft begonnen hast?

85
Kannst du dich wirklich mit der Sache
identifizieren, die du tust?

86
Was schätzt du an deiner Network-
firma besonders?

87
Was ist das Gute an deinen Produkten?

88
Welche Probleme deiner Kunden
können die Produkte lösen?

89

Was ist für dich das Wichtigste an diesem Geschäft? Zeit, Verdienst, oder was sonst?

90

Würdest du dein heutiges Geschäft weiterbetreiben, wenn du einen Millionengewinn im Lotto machen würdest?

91

Wie schätzt dich deine Upline ein?
Bekommst du entsprechende Rückmeldungen?
Wenn nicht:
Woran könnte es liegen?

92

Was würdest du dir wünschen, wie
deine Upline von dir spricht?
Tust du etwas dafür, dass dieser
Wunsch in Erfüllung geht?

93

Auf wen in deiner Firma / Upline warst
du schon einmal neidisch?
Und warum?

94

Wie denkst du in Wahrheit
über deinen Sponsor?

95

Hättest du gerne einen anderen
Sponsor?
Wenn ja: Was würde das ändern?

96

Inwieweit denkst du, dass dein
Sponsor für deinen persönlichen Erfolg
verantwortlich ist?

97

Würdest du selbst bei dir ins Geschäft
einsteigen bzw. hältst du dich für den
perfekten Sponsor, bei dem du gerne
mitmachen würdest?
Wenn ja, warum?
Wenn nein, was fehlt dir?

98

Mit Menschen aus welcher Schicht oder Berufsgruppe gehst du am liebsten um?
Deckt sich diese Gruppe zumindest teilweise mit deiner geschäftlichen Zielgruppe?

99

Fühlst du dich beim Umgang mit deiner Zielgruppe wohl?
Wenn nein: Woran könnte das liegen?

100

Würdest du lieber eine andere Zielgruppe „beackern"?

101
Bist du mit deinem derzeitigen Einkommen zufrieden?

102
Welche Möglichkeiten siehst du in deiner Situation, dein Einkommen kurzfristig signifikant zu steigern? Oder mittelfristig?

103
Falls du zu denen gehörst, die MLM nebenberuflich betreiben: Macht dir dein Hauptberuf Spaß, oder ist es nur ein Job, um Geld zu verdienen?

104
Hast du dir schon einmal gewünscht,
den Hauptberuf einfach an den Nagel
hängen zu können?

105
Bedeutet die Tätigkeit im Network
für dich einen Zuverdienst –
oder doch mehr?

106
Welche Probleme, die du im Hauptjob
hast, treten im Network nicht auf?

107

Wie viel Zeit möchtest du in den nächsten zwölf Monaten ins Network investieren?

108

Wie viel Zeit möchtest du in drei Jahren in das Network investieren?

109

Wie viel Geld möchtest du in drei Jahren mit dem Network verdienen?

110

Hast du den Eindruck, dass dir dein derzeitiger Lebensentwurf mittelfristig zu wenig Zeit für dein Geschäft lässt?

111

Wärst du bereit, an diesem Lebensentwurf etwas zu ändern, um „Nägel
mit Köpfen machen" zu können?

112

Ab wann könntest du dir vorstellen,
dein Network-Marketing-Geschäft
hauptberuflich zu betreiben?

113

Würdest du dein Geschäft weiterbetreiben, auch wenn du wüsstest, dass
dir in den nächsten zwei Jahren keine
Zeit für einen Urlaub bleibt?

114

Kannst du damit leben, wenn du phasenweise eine Sieben-Tage-Arbeitswoche hast?

115

Wie war es, als du zum ersten Mal in deinem Leben im tiefen Wasser geschwommen bist?
Und wie geht es dir heute dabei?
Gibt es in deinem Geschäft etwas, was dir immer noch vorkommt wie das erste Mal Schwimmen im tiefen Wasser?

116

Was würde sich in deinem Leben ändern, wenn du ab morgen die oberste Position in deiner Firma hättest?

Dein Team

117

Wie viele Teampartner
möchtest du haben?

118

Was erwartest du von neuen
Teampartnern?

119

Welcher Schicht oder Berufsgruppe,
welcher Altersgruppe sollten deine
Teampartner angehören?

120
Welche Eigenschaften sollte ein neuer Teampartner mitbringen?

121
Welche Interessen sollte er haben?

122
Was hast du neuen Teampartnern zu bieten? Sowohl von der Firmenseite als auch, noch viel wichtiger, persönlich?

123
Warum sollte jemand bei dir in deiner Network-Firma anfangen und nicht bei einem Bürokollegen?

124
Wie bis du als Sponsor und Führungskraft?

125
Wie möchtest du als Sponsor und Führungskraft sein?

126
Inwieweit entsprechen sich dabei Realität und Idealbild?

127
Was kannst du dafür tun, damit du noch mehr deinem Idealbild eines Sponsors entsprichst?

128
Was, denkst du, machst du für Fehler gegenüber deinen Teampartnern?

129
Was möchtest du gegenüber deinen Teampartner ändern?

130
Was stört dich an deinen Teampartnern?

131

Hast du schon Teampartner gehabt,
bei denen du nachträglich den
Eindruck hattest, sie wären einfach
Fehlbesetzungen?
Wenn ja, warum?
Oder wie kam es dazu?

132

Wie schätzt dich deine Downline ein?

133

Was würdest du dir wünschen, wie
dich deine Downline einschätzt?

134

Wie oft kontaktieren dich deine
Teampartner von sich aus?

135

Stehst du deinen Teampartnern zur
Verfügung, wenn sie dich brauchen?

136

Wie oft kontaktierst du deine
Teampartner von dir aus?

137

Wie viel Zeit investierst du pro Woche
in die Einarbeitung neuer Partner?
Meinst du, diese Zeit ist in jedem Fall
ausreichend?

138

Wärst du bereit, wesentlich mehr Zeit
in die Einarbeitung zu investieren,
wenn du wüsstest, dass das zu
besseren Ergebnissen führt?

139

Glaubst du, dass dich deine
Teampartner manchmal nervig finden?

140

Hast du manchmal den Eindruck, dass
es deinen Teampartnern lieber wäre,
du würdest sie nicht so oft anrufen?
Ist dieser Wunsch vielleicht auch
objektiv nachvollziehbar?

141
Wie reagierst du, wenn ein
Teampartner von dir ein Problem hat?

142
Sprechen deine Teampartner mir dir
auch über private Probleme?
Wenn nein: Würdest du dir wünschen,
dass sie es tun?

143
Welche von deinen Teampartnern lädst
du auf private Partys ein?

144

Wen unter deinen Geschäftskontakten
betrachtest du auch privat als
echten Freund?

145

Hast du den Wunsch, Geschäftliches
und Privates zu trennen, oder erscheint
dir diese Trennung unnatürlich oder
sogar ungünstig?

146

Um welche Aufgaben kümmerst du
dich lieber persönlich, bei welchen
lässt du deine Teampartner
einfach machen?

147

Tust du dich leicht damit, zu delegieren? Oder hast du generell Schwierigkeiten dabei?

148

Wäre es sinnvoll, wenn du öfter Aufgaben delegieren würdest?

149

Gibt es Aufgaben, die du bisher delegiert hast, aber vielleicht besser selbst übernehmen solltest?

150

Wie wichtig ist dir Harmonie im Team? Dürfen hier auch einmal „die Fetzen fliegen"?

151
Kehrst du manchmal
um des lieben Friedens willen
Probleme unter den Teppich?

152
Müsstest du mit deinen Teampartnern
manchmal geduldiger sein?

153
Hältst du Ungeduld generell für eine
negative Eigenschaft – oder kann sie
unter bestimmten Umständen auch
nützlich sein?

154

Ein langjähriger Geschäftspartner,
den du als zuverlässig und reell
kennengelernt hast und mit dem
du auch menschlich immer bestens
ausgekommen bist, ist in finanziellen
Schwierigkeiten.
Würdest du ihm in dieser Situation
2000 Euro leihen?

155

Was möchtest du, dass deine
Teampartner über dich sagen?

Arbeitsalltag und Arbeitsweise

156

Was an deinem Geschäft macht dir
Spaß?

157

Was macht dir überhaupt keinen Spaß
und warum?
Welche Möglichkeiten gäbe es, etwas
daran zu ändern?

158

Wann fühlst du dich in deinem
Geschäft richtig unter Druck?
Was oder wer baut diesen Druck auf?

159

Was für Strategien hast du, um besser
mit dem Druck fertig zu werden?
Oder ließe sich der Druck vielleicht
ganz einfach wieder abbauen?

160

Wie viel Geld gibst du im Jahr für
Fortbildung aus?
Meinst du, dass diese Summe
ausreichend ist?
Oder hältst du es für denkbar, dass
mit der gleichen Summe effektivere
Fortbildung möglich wäre?

161
Wie viele Bücher über Network-
Marketing hast du bereits gelesen?

162
Wie viele Erkenntnisse / Tipps aus
diesen Büchern hast du umgesetzt?

163
Wann hast du dein letztes
Seminar besucht?

164
Wie viele Erkenntnisse /Tipps aus
diesem Seminar hast du umgesetzt?

165

Wann arbeitest du effektiver: am
Morgen oder am Nachmittag / Abend?
Wann bist du kontaktfreudiger?

166

Hast du manchmal den Wunsch,
deinen Arbeitsrhythmus besser deinen
Bedürfnissen anzupassen?
Gäbe es Möglichkeiten, das zu tun?

167

Kommunizierst du mit deinen Kunden
und Partnern lieber per Telefon oder
per E-Mail / Internet?

168

Sprichst du mit Menschen lieber am
Telefon oder von Angesicht
zu Angesicht?

169

Wie viele deiner Kontakte generierst du
in Internet-Kontaktnetzwerken (Social
Media) wie Facebook, XING usw.?

170

Möchtest du mehr Freunde in Internet-
Netzwerken haben?

171

Wie könntest du am besten Zeit dafür
finden, dich intensiver um deine
Social-Media-Kontakte zu kümmern?

172

Entsprechen die Kommunikati-
onswege, die du nutzt,
deinen Vorlieben?
Sind sie auch für dein
Geschäft optimal?

173

Wäre es möglich und sinnvoll, dass du
an deinen Kommunikationsgewohn-
heiten etwas änderst?

174

Wie viele neue Kontakte machst du
pro Woche?

175

Wie viele neue Kontakte hast du dir
einmal vorgenommen zu machen?

176

Wie viele „Karteileichen" gibt es in
deiner Adressdatei?
Warum hast du diese Kontakte
nicht weitergepflegt?

177

Gibt es in deiner Adressdatei Kontakte,
die du wieder aktivieren solltest?

178
Wie lange belasten dich berufliche Niederlagen?

179
Wie sieht deine Strategie aus, um mit Ablehung / gescheiterten Kontaktversuchen fertig zu werden?

180
Was wirst du dir für einen Anker schaffen, damit du täglich an deine Ziele erinnert wirst und weiterkämpfst, wenn es mal nicht so läuft?

Dein Umgang mit Menschen

181

Würdest du von dir sagen,
dass du jemand bist, der gern mit
Menschen umgeht?

182

Schätzt du dich als guten
Menschenkenner ein?

183

Glaubst du, dass alle Menschen
im Grunde ähnlich denken und
empfinden?

184

Hast du den Eindruck, dass du bisher die Motivation deiner Kunden / Partner meist richtig eingeschätzt hast?

185

Hast du schon mit Menschen zu tun gehabt, deren Motivation du überhaupt nicht verstanden hast?

186

Wünschst du dir manchmal, die Motivation deiner Kunden / Interessenten besser zu verstehen?

187

Denk einmal über deine Kunden- und
Interessentengespräche nach.
Wer spricht dabei mehr:
du oder dein Gegenüber?

188

Nimmst du dir Zeit, die Argumente
deines Gesprächspartners anzuhören?

189

Nimmst du die Argumente deines
Gesprächsparnters ernst?

190

Hast du den Eindruck, dass du in
deinen Kunden- oder Interessenten-
gesprächen wirklich wichtige Informa-
tionen über dein Gegenüber erhältst?

191

Was möchtest du, dass deine Kunden
über dich sagen?

192

Verdankst du deine Abschlüsse eher
deiner Hartnäckigkeit oder eher der
Tatsache, dass du deine Kunden
wirklich überzeugen konntest?

193

Wie oft hast du nach einem Abschluss
das Gefühl, bei deinem Gegenüber
wirklich ein Problem gelöst, ihm einen
„Stein vom Herzen" genommen
zu haben?

194

Wie oft gelingt es dir, bei deinem
Gesprächspartner echte Begeisterung
für dein Produkt oder deine Geschäfts-
gelegenheit zu wecken?

195

Gab es bei dir Fälle, in denen du nach
einem erfolgreichen Abschluss ein
schlechtes Gewissen hattest?
Wenn ja, warum?

196

Kannst du dir vorstellen, jemandem
Produkte zu empfehlen, deren Kauf für
dich selbst nicht infrage käme?

197

Kostet es dich Überwindung, dir völlig
unbekannte Menschen anzusprechen?
Wie war es mit deiner Kontaktangst
in der Jugend oder zum Zeitpunkt
deines Geschäftsstarts?
Was tust du, um deine
Kontaktangst abzubauen?

198
Sind Kontaktgespräche für dich nur
Mittel zum (geschäftlichen) Zweck,
oder siehst du sie auch als eine berei-
chernde Erfahrung
oder die Chance, interessante
Menschen kennenzulernen?

199
Was hält dich ab, noch öfter im Alltag
„einfach so" Menschen anzusprechen?

Rein ins Handeln!

Du bist dir auf den vorangegangenen Seiten sicher über manche Dinge klar geworden, die bisher allenfalls in deinem Unterbewusstsein herumgegeistert sind. Es liegt nun alles auf der Hand.

Und ebenso sicher hast du durch dieses E-Book deine wahre Kraft entdeckt, weil du nun genau weißt, wo deine Reise hingehen soll.

Jetzt geht es nur noch darum, dass du auch tätig wirst!

Unter der Internetadresse **www.99sponsortipps.de** bekommst du genug Input, wo überall neue Teampartner lauern.

Du musst nur einfach hineingreifen und täglich handeln!

Notiere dir hier, welche neuen
Ideen / Erkenntnisse dir bei der Lektüre
dieses Buches gekommen sind!

Networker ohne Vertriebspartner?

Das A und O für jeden erfolgreichen Networker ist es, ein großes Team aufzubauen. In der Praxis oft gar keine so einfache Aufgabe: Wie und wo finde ich die richtigen Leute?

REKRU-TIER hat die besten Ideen dazu für dich gesammelt und niedergeschrieben.

Du erhältst komplett kostenlos alle drei Tage per E-Mail einen Tipp, wo / wie und in welcher Situation du an neue Geschäftspartner kommst.

Garantiert ist für jeden Networkertyp der ideale Ansatz dabei! Du brauchst die Ideen nur noch umzusetzen ...

Mit uns und unseren Gratistipps kein Thema!

99 TIPPS

WIE SIE AN NEUE GESCHÄFTSPARTNER FÜR IHR MLM KOMMEN

Melde dich an unter
WWW.99SPONSORTIPPS.DE

Direktkontakt-Profis aus Leidenschaft ...

Direktkontakt ist eigentlich die natürlichste Art der Kontaktaufnahme von Mensch zu Mensch. Doch warum fällt uns dieser Weg heutzutage so schwer, warum schaffen es nur so wenige, ein großes Network-Marketing aufzubauen?

REKRU-TIER beschäftigt sich seit vielen Jahren mit den Themen **Direktkontakt, Fremdkontakt und Direct Recruiting,** insbesondere **für MLM und Strukturvertriebe.** Ihr Wissen aus über 80000 Direktkontakten geben die Trainer Rainer Freiherr von Massenbach und Tobias Schlosser in **Workshops, Schulungen / Seminaren** und in ihren **Büchern** weiter.

Die **REKRU-TIER-Methode** begeistert und erweist sich immer wieder als ein unschlagbares Erfolgskonzept.

... unterstützen dich beim Aufbau deines Kontaktnetzwerks

„Sie treffen mit Ihren Buch- und Seminarinhalten den berühmten ‚Nagel auf den Kopf'."

„Ich bin nun seit 30 Jahren aktiv im Vertrieb, Marketing und im Sales-Management vieler internationaler Großkonzerne und habe schon viele Seminare erlebt. Was aber Sie geliefert haben, hat in puncto Praxisbezug, Authentizität und Realität meine Erwartungen bei Weitem übertroffen."

„Man hat Ihnen in jeder Sekunde Ihr Engagement und Ihren Spaß angemerkt, was den Tag noch lebhafter und interessanter machte."

„Ein klasse Seminar. So viele tolle Beispiele und ‚gelebte' Erfahrungen."

„Was ihr beide da auf die Füße gestellt habt, ist der beste Beweis dafür, dass es nix Größeres gibt als eine Idee, deren Zeit gekommen ist."

(Kundenstimmen zu **REKRU-TIER)**

Informiere dich noch heute unter
WWW.REKRUTIER.DE

Bibliografische Information der Deutschen
Nationalbibliothek:
Die Deutsche Nationalbibliothek verzeichnet diese Publi-
kation in der Deutschen Nationalbibliografie; detaillierte
bibliografische Daten sind im Internet abrufbar über
http://dnb.d-nb.de

ISBN 978-3-941412-21-7

Impressum:

Verlag:
REKRU-TIER GmbH, München
www.rekrutier.de

Autor: Rainer von Massenbach
Covergestaltung: Sternburg Design
Lektorat, Innenlayout und Satz: Bernhard Edlmann
Verlagsdienstleistungen, Raubling

2. Auflage